NEO BOOKS

1000+ Must Know Words in Nupe

Illustrated Nupe-English Dictionary

by Nyizagi Tetengi

THE NUPE ALPHABET – LIFIBA

A Akpata
Bank

B Baci
Mushroom

C Cinba
Parking

D Doko
Horse

E Ekpàcéci
Archery

F Fu
Jump

G Gòdǔgi
Taxi

H Hănyí
To Tear

I Iman-Imani
Pastor

J Jankpe
Shirt

K Kondo
Mango

L Lŭgbă
Dust

M Marufa
Helmet

N Nąmpàpàgi
Butterfly

O **Olokpa**
Sheriff

P **Pa**
Drive

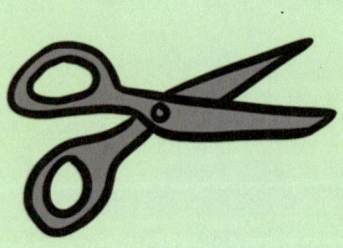

R **Rumakasi**
Scissors

S **Shelangi**
Peacock

T **Tswánfèngi**
Fan

U Unšo
Himself/ Herself/ Itself

V Vovonta
Bathroom

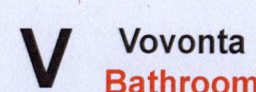

W Woriwori
Ladybug

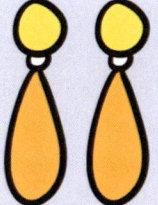

Y Yantukpa
Earrings

Z Zhìnkafa
Rice

NUMBERS – EGIZHI

½	**Ganfi** One Half	80	**Shini** Eighty	12,000	**Gbótswanyì** Twelve Thousand
	Zunìní Once	90	**Shini bè gúwo e** Ninety	14,000	**Gbótwabà** Ten Thousand
	Zugúbà Twice	100	**Shitsuṇ** One Hundred	16,000	**Gbótotá** Sixteen Thousand
	Zugútá Thrice	200	**Kpákó** Two Hundred	18,000	**Gbótsuṇ** Eighteen Thousand
0	**Kurugi** Zero	300	**Kpako tu shitsun** Three Hundred	10,000	**Gbótwani** Ten Thousand
1	**Niní** One	400	**Kpóbà** Four Hundred	20,000	**Gbǎgúwo** Twenty Thousand
2	**Gúbà** Two	500	**Kpóbà bè shitsuṇ i** Five Hundred	22,000	**Gbǎgúwo bè 'ní i** Twenty Two Thousand
3	**Gútá** Three	600	**Kpótá** Six Hundred	30,000	**Gbǎ Gógì** Thirty Thousand
4	**Gúṇni** Four	700	**Kpótá bè shitsuṇ i** Seven Hundred	40,000	**Gbǎ 'shi** Forty Thousand
5	**Gútsuṇ** Five	800	**Kpágúṇni** Eight Hundred	50,000	**Gbǎ 'shi bè gútsuṇ i** Fifty Thousand
6	**Gútswanyi** Six	900	**Kpágúṇni bè shitsuṇ i** Nine Hundred	60,000	**Gbǎ gbàṇwǒ** Sixty Thousand
7	**Gútwabà** Seven	1000	**Kpótsuṇ** Two Thousand	70,000	**Gbǎ rudíṇ** Seventy Thousand
8	**Gútotá** Eight	2000	**Gbǎ** Two Hundred	80,000	**Gbǎ shibà** Eighty Thousand
9	**Gútwani** Nine	3000	**Gbǎ bè kpótsuṇ i** Three Thousand	90,000	**Gbǎ shibà bè gútsuṇ i** Ninety Thousand
10	**Gúwo** Ten	4000	**Gbóbà** Four Thousand	100,000	**Gbǎ áráta** One Hundred Thousand
15	**Gógì/Gwégì** Fifteen	5000	**Gboba tu Kpautsun** Five Thousand	200,000	**Gbǎ shitsuṇ (10 Gùrà)** Two Hundred Thousand
20	**Eshi** Twenty	6000	**Gbótá** Six Thousand	300,000	**Gbǎ ogbogúṇni díṇ gúwo (15 Gùrà)** Three Hundred Thousand
30	**Gbàṇwǒ** Thirty	7000	**Gbota tu Kpautsun** Seven Thousand	400,000	**Gbǎ kpákó (20 Gùrà)** Four Hundred Thousand
40	**Shibà** Forty	8000	**Gbágúṇni** Eight Thousand	500,000	**Gbǎ kpǎkó bè áráta e (25 Gùrà)** Five Hundred Thousand
50	**Áráta** Fifty	9000	**Gboni tu Kpautsun** Night Thousand	600,000	**Gbǎ kpákó bè shitsuṇ i (30 Gùrà)** Six Hundred Thousand
60	**Shitá** Sixty	10,000	**Gbótsuṇ** Ten Thousand	800,000	**Gbǎ kpóbà (40 Gùrà.)** Eight Hundred Thousand
70	**Ádwáni** Seventy			1 Million	**Gbǎ kpóbà bè shitsuṇ i (50 Gùrà.)** One Million

PARTS OF THE BODY – GÁBA NAKAN

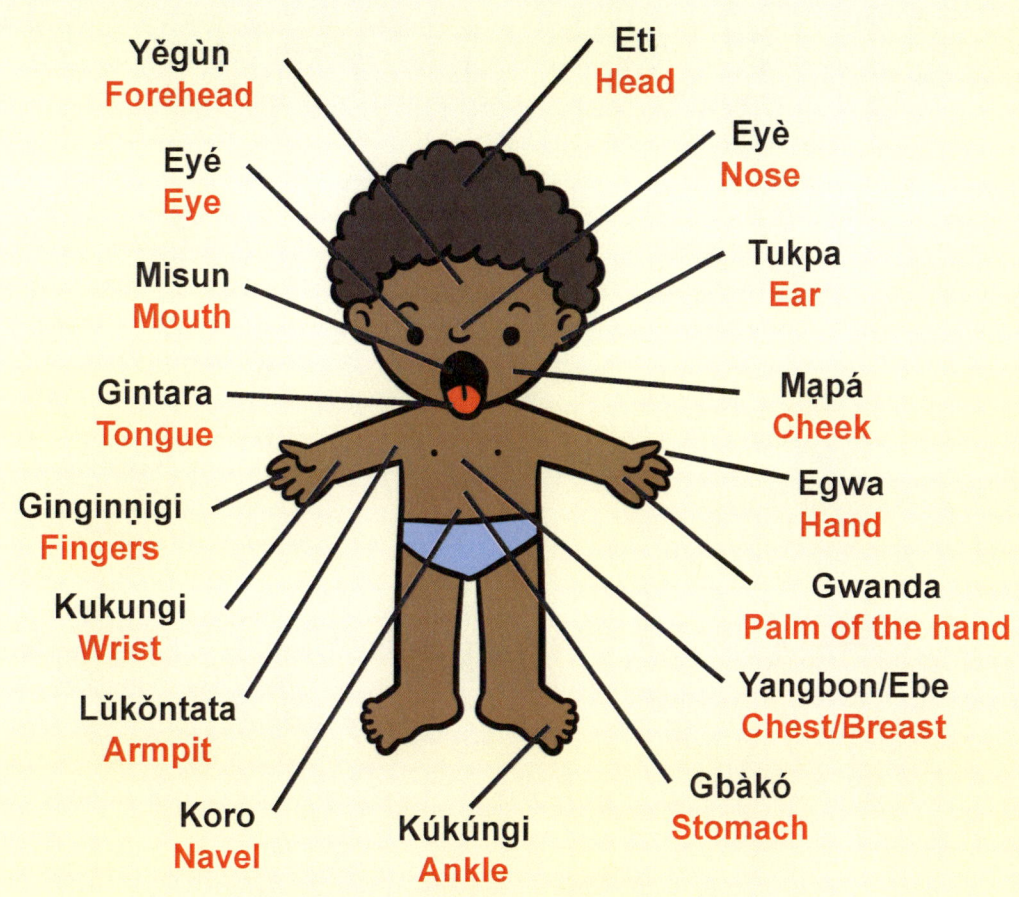

Yĕgùṇ
Forehead

Eti
Head

Eyé
Eye

Eyè
Nose

Misun
Mouth

Tukpa
Ear

Gintara
Tongue

Mạpá
Cheek

Ginginṇigi
Fingers

Egwa
Hand

Kukungi
Wrist

Gwanda
Palm of the hand

Lŭkŏntata
Armpit

Yangbon/Ebe
Chest/Breast

Koro
Navel

Kúkúngi
Ankle

Gbàkó
Stomach

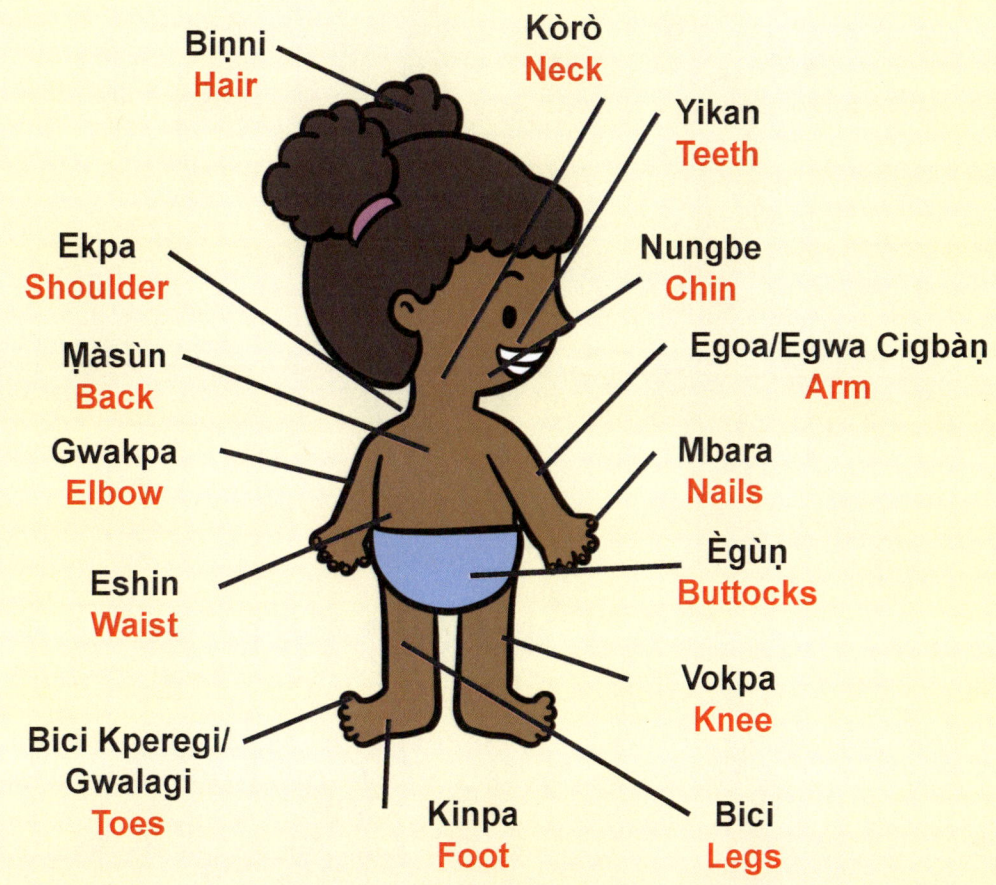

Biṇni
Hair

Kòrò
Neck

Yikan
Teeth

Ekpa
Shoulder

Nungbe
Chin

Mạ̀sùn
Back

Egoa/Egwa Cigbàṇ
Arm

Gwakpa
Elbow

Mbara
Nails

Ègùṇ
Buttocks

Eshin
Waist

Vokpa
Knee

Bici Kperegi/
Gwalagi
Toes

Kinpa
Foot

Bici
Legs

MONTHS OF THE YEAR – ETSWAZHI

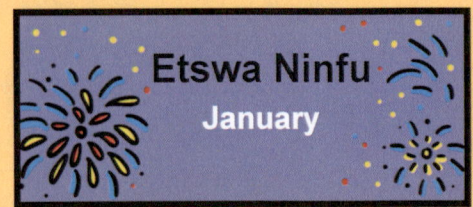
Etswa Ninfu
January

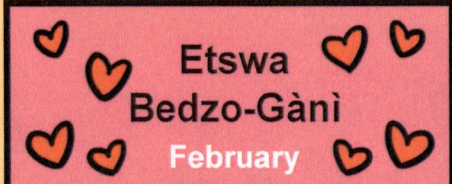
Etswa Bedzo-Gànì
February

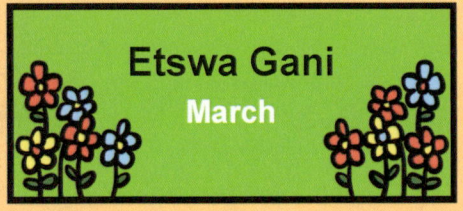
Etswa Gani
March

Etswa Togayagi
April

Etswa Togaya-Ebàci
May

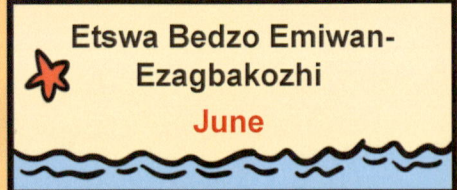
Etswa Bedzo Emiwan-Ezagbakozhi
June

Etswa Emiwan-Ezagbakozhi
July

Etswa Bedzo-Emiwa
August

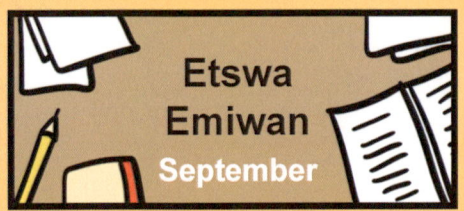
Etswa Emiwan
September

Etswa Sokowungi
October

Etswa Sokowunkó
November

Etswa Etizogi
December

DAYS OF THE WEEK – EFOZHI NYA GOKATI

Fonni
Sunday

Fonbaci Monday

Fontaci
Tuesday

Fonici
Wednesday

Fotsunci
Thursday

Fotswanyici/ Jinma
Friday

Fotswabaci
Saturday

COLO(U)RS – KWEGEZHI

Zhìkò
Black

Galya
Purple

Bulya/Pere
Gray/Ash

Wazhi/Jikanagi
Brown

Aliga
Green

Zanariya
Gold

Wondzi
Orange

Pink

Nanba
Silver

Bakun
White

Yaran
Yellow

Dzuru
Red

Dòfa
Blue

EMOTIONS – KENDO WO E WO NA

Manin
Happy

Zhewùn̩/Fusi
Angry

La-eye nu
Sad

Dansun
Scared

Nyagbanshekpe
Worried

Yeka
Surprised

MyaBo
Tired

Batan
Sick/Ill

SEASONS – EKÁZHI

Zuzunka/Ebayeko
Rainy

Gbạnfèrè
Winter/Cold

Banagun
Heat

Yikéré
Dry

Eleko
Drought

Ele Tsuntsunci
Sleet

WEATHER – SOKO

Nyiba/Efeko
Storm

Ele
Rain

Duwa
Rainbow

Kparà/Sokogba
Thunder

Èlà
Flood

Yìwó
Sunny

Nyạfù
Snow

Efè
Breeze/Windy

MY HOUSE – EMIN MIN

Emin
House

Kata Leci
Bedroom

Emije
Underwear

Kwanseti
Bra

Kàtà
Hat

Tuti
Pillow

Ekpata
Bed

Dàkùṇṭ
Socks

Jankpe/Ewo
Shirt

Enyasunsu
Neckbeads

Ede
Dress

Mada Okigi
Coat/Jacket

Enyasoba
Wallet

Ruka
Ring

Tsaka
Pants

Kata Lileci
Living Room

Efin
Clock

Shempa
Wall

Nyạtáci
Carpet

Ezawugi
Television

Èsá
Chair

Sále
Sofa

Tasa
Bowl

Tasagi - Plates

Dukun
Cooking Pot

Nanshi
Stove

Ebi
Knife

Esan
Salt

Kpàlàkà
Fork

Ewògi/
Kantara
Spoon

Ririkawangi
Refrigerator

Evoba
Trashcan

Kubagi
Dust Pan

Enyagici
Food

Kundugi
Cup

Èsákó/
Gando
Table

Eduba
Kitchen

Nuwan
Water

Dàfịn
Ceiling

Kàtàkó
Umbrella

Sokunbafin
Broom

Ebi/Esa
Stool

Zhempa
Compound

Koko
Roof

Sunsun
Tsigbon
Flower

Ezasan na ba
zhempa o na
Picture on the wall

Kpàko
Door

Ena
Fire

Nancébà
Fireplace

Dzufa
Window

Daro
Bottle

Esoba Dakagi
Shelf

Bayele
Mirror

Emin
Nakan
**Body
Lotion**

Tsukun Tanci
Toothbrush

Shikpata
Toilet

Fitila
Lamp

Edzúfégifè
Air Conditioner

Putugi
Computer

Fetsongi
Fan

Kungu-
sanwo
Radio

Nuwon Yeko
Cold Water

Nuwafuba
Bathroom

Nuwan
Bipa
Hot Water

Yekò
Soap

Kankani
Sponge

Gbada
Bathtub

ON THE FARM – LATÌ O

Lǔgbǎ
Dust

Shensùṇ
Chicken

Nạwú
Smoke

Kalakpa
Ladder

Èdo
Barn

Cedangi
Padlock

Eyì
Corn

Kyatya-kyatya
Tractor

Kasa
Basket

Kútsùṇ
Pig

Enunùci
Farmer

Tolotolo
Turkey

Nạnkǒ
Cow

Kpánùmí
Bucket

Karigi
Rabbit

Dugba
Hoe

Egbon
Rope

Egbà
Fence

Cigban
Wood

Koríko
Grass

Nangi/Kingbagba
Sheep

Takun
Stone

Rumakasi/Almakasi
Scissors

Doko
Horse

Gada
Machete

Kiákiági
Bike

Dzikanna
Sand

Bikungi
Goat

Bise
Guinea Fowl

Egba
Axe

Essa
Net

Tsùkùṇ/
Tsigbon
Stick

FRUITS, VEGETABLES & NUTS –
SUṆSUṆ, ENIAN, KOSUN

Ekò Nạsárá
Cashew

Bonro
Tomato

Kpanmi
Okra

Emugi
Orange

Ejîga
Cassava

Ànàmọ́
Sweet Potato

Furuntu
Grapes

Èbĕ
Pumpkin

Eyì
Corn

Ogolo
Bell Pepper

Yengi
Eggplant

Eci
Yam

Kondo
Mango

Agbalumọ́
Star Apple

Epin Nuwan
Watermelon

Lèmŭkuṇ
Lemon

Yikunu
Coconut

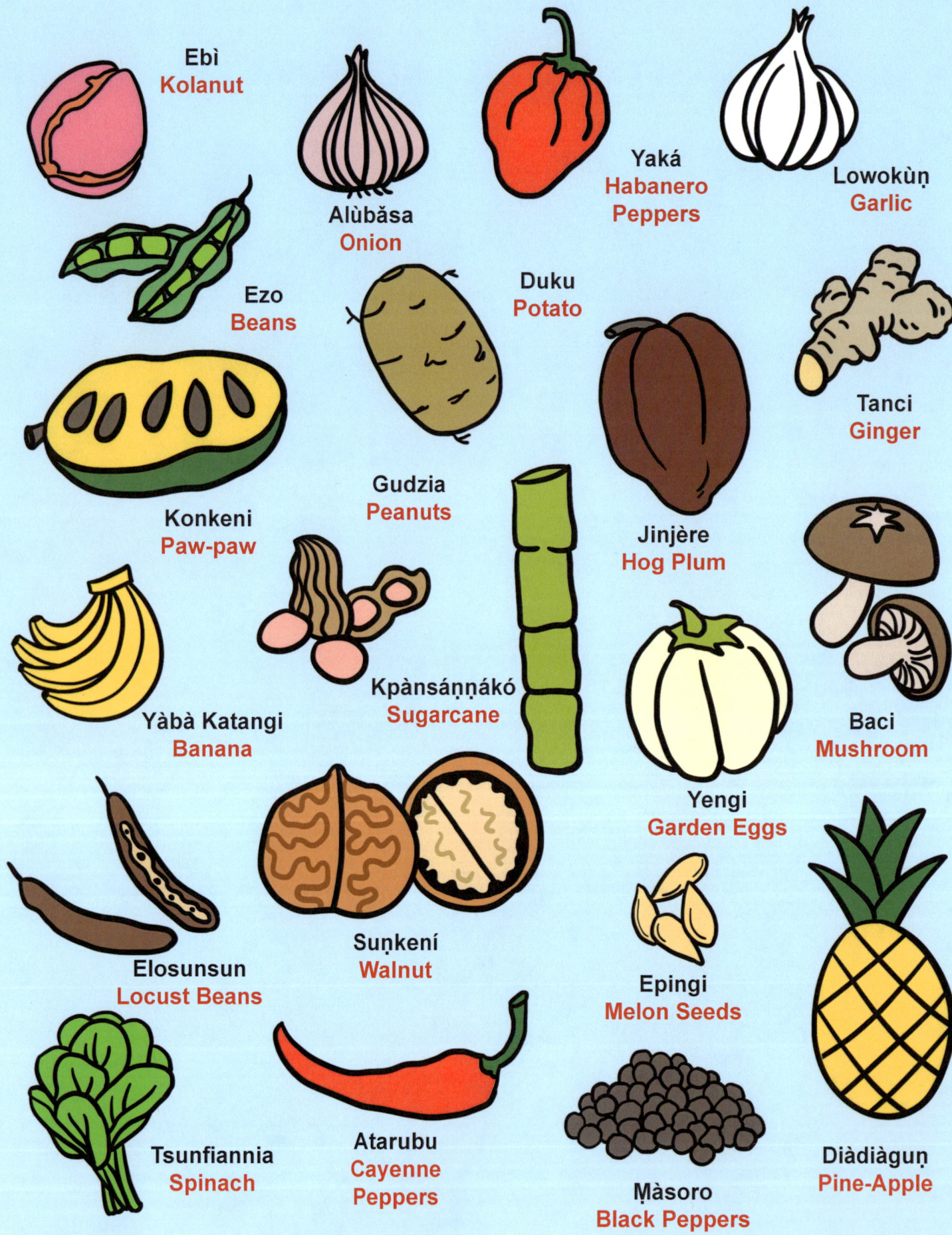

Ebì
Kolanut

Alùbăsa
Onion

Yaká
Habanero Peppers

Lowokùṇ
Garlic

Ezo
Beans

Duku
Potato

Tanci
Ginger

Konkeni
Paw-paw

Gudzia
Peanuts

Jinjère
Hog Plum

Yàbà Katangi
Banana

Kpànsáṇṇákó
Sugarcane

Yengi
Garden Eggs

Baci
Mushroom

Elosunsun
Locust Beans

Suṇkení
Walnut

Epingi
Melon Seeds

Tsunfiannia
Spinach

Atarubu
Cayenne Peppers

Màsoro
Black Peppers

Diàdiàguṇ
Pine-Apple

16

ANIMALS – NYAKUNGI

Kàkó
Eagle

Dídia
Parrot

Lŭgbè
Hawk

Lùkóngi
Dove

Kana
Monkey

Karatsu
Crab

Èdăṇ
Bat

Gbìgbì
Owl

Hedgehog

Dàngi
Cat

Ejà
Fish

Lŭkukù
Pigeon

Ṇyàkáṇgi
Fox

Ekan/
Ekandangi
Cheetah

Acete
Lobster

Kankuru
Hippopotamus

Edzu-edzu
Spider

Gbárá
Lizard

Dinni
Housefly

Kínkèrè
Scorpion

Jelly Fish

Eluko
Ostrich

Emagi
Mosquito

Kàsà
Crocodile

Ekpa
Snail

Dungi
Squirrel

Pimpáriá
Cockroach

Woriwori
Ladybug

Shelangi
Peacock

Shark

Ndakpa
Tortoise

Èjà Oji
Electric Fish

Etsú
Rat

18

Dagba
Elephant

Gábá
Lion

Ekógi
Antelope

Màkuṇḍuṇnu
Hyena

Kiátiági
Donkey

Ekandunku
Tiger

Baraka
Zebra

Ṇàmpà
Leopard

Dangi
Gonta
Serval Cat

Danbiriko
Gorilla

Kanguru
Rhinoceros

Èya
Buffalo

Berewagi
Giraffe

PROFESSIONS – GBÁFÁ

Dogari
Policeman

Gbagbereci
Investigator

Yĕm̧àgici
Artist

Torokoci
Musician

Yankitsi
Tailor

Minsadu
Midwife

Zànyạnkpagi
Engineer

Bomangaci
Lawyer

Ezaboci
Yikan
Dentist

Zàbógá/
Zaigabo
Judge

Kpikpegi
Student

Manko
Professor

Edegunci
Fashion Designer

Enyasanci
Architect

Mafaotsi
Butcher

Kpanakpana
Fireman

Tsoatsi
Blacksmith

Kunci
Pharmacist

Yinkawontsi
Fisherman

Karatuwutsi/
Ezawutsi
Teacher

Enạkànçi/Enankantsi
Shepherd

Tsigbetso
Doctor

Gwashici
Pilot

21

Ègbètsi
Hunter

Kàràgbàci
Miner

Esankuci
Journalist

Tswaci
Welder

Logaci
Scientist

Edzodzoci
Actor

Èdǔdạnci
Accountant

Etíwạnci
Barber

Bantsangi
Comedian

Enyakaci
Author

Enyagici
Jin Ci
Chef

22

THINGS WE RIDE –
ENYA PACI ZHI

Cinba
Parking

Gòdǔgi
Taxi

Zantso Stwarwa
Bus

Eya Fìtí
Airplane

Danri
Ticket

Kàlá
Car

Pupugi
Motorcycle

Eyagi/Eyako
Boat

Eya-kin
Train

BUILDINGS – EBATU

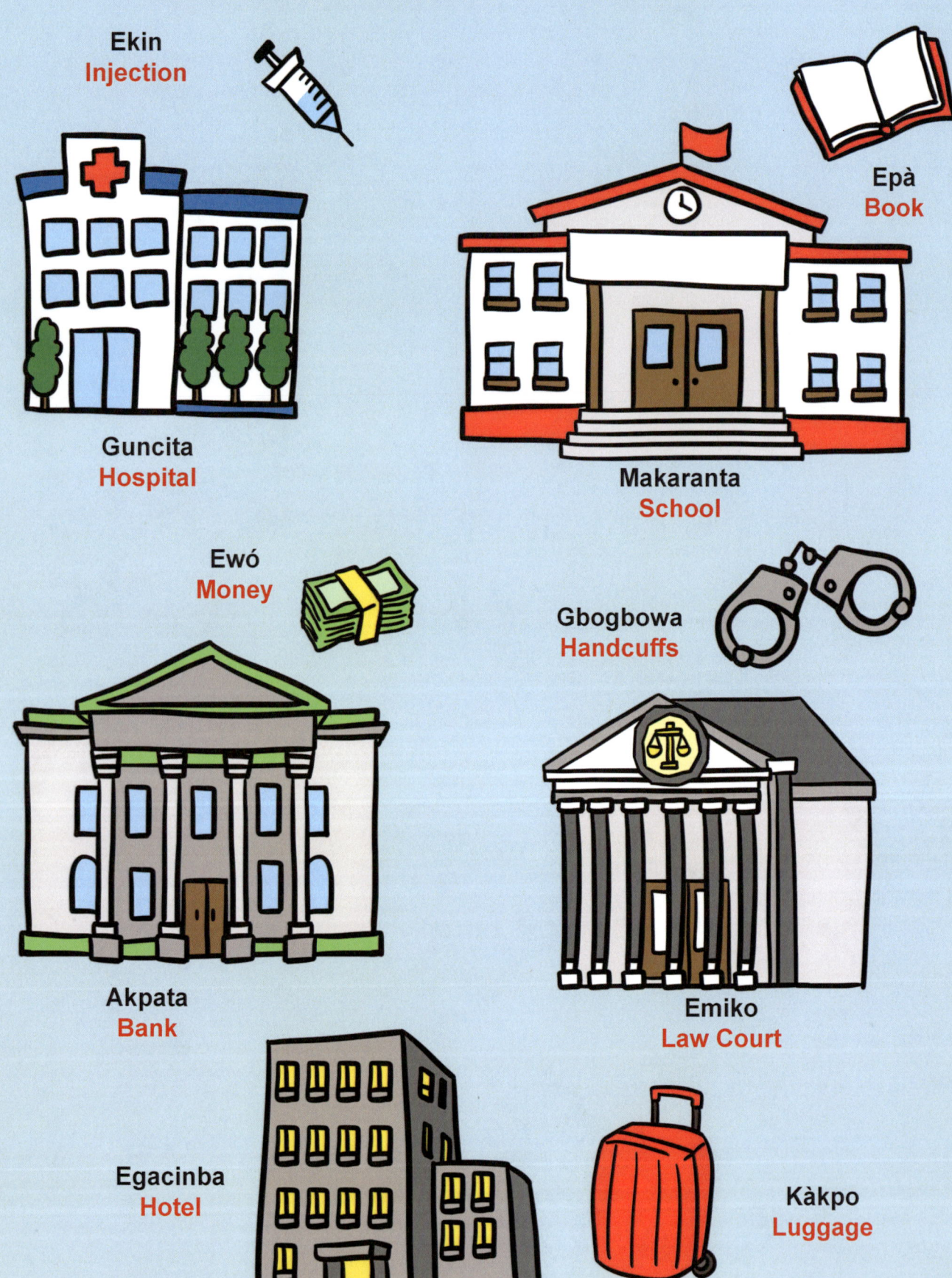

Ekin
Injection

Epà
Book

Guncita
Hospital

Makaranta
School

Ewó
Money

Gbogbowa
Handcuffs

Akpata
Bank

Emiko
Law Court

Egacinba
Hotel

Kàkpo
Luggage

WE ARE DIFFERENT –
YI YI KAYIN

Btagi
Man

Egi Nyizàgi
Girl

Etífù
Baldness

Dadukun
Paraplegic

Yinzagi
Woman

Egi Bagi
Boy

Danztu
Full
Figured

Waragi
Slim

Eyeboci
Blind

Èkí/Edá
Giant

Duru/Wunkpa
Tall

Tetengi
Small

Yíwó
Female

Kuku
Old

Yàwǒ
Bride

Ebayawo
Groom

Èsà Zhiko
Dark Skin
Beauty

Dzakangi
Young

Gbarufu
Male

Màm̀àn/Edzi
Baby

Etsu
King

Èsà Dzuru
Light Skin
Beauty

Aluwo/Etsu
Queen

26

GREETINGS – EMISA ZHI

Yegi!
Hi!

Kube lazhin e!
Good morning!

Kube yigidi!
Good afternoon!

Kube Lǒzhùṇ l!
Good evening!

Ke wo e wo na o?
How are you?
(polite)

Ke wo e wo na o?
How are you?
(friendly)

Nyakakun!
Welcome!

Ki jin o?
What's up?
(colloquial)

Afiya min yi cin nyi, kubetun i!
I'm fine, thank you!

Kube tun i!
Thank you!

Ku bebo e!
You're welcome!

She Kandoci!
Good bye!

She lazhin!
Good night!

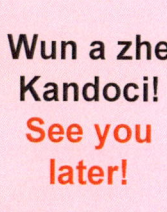

Wun a zhe Kandoci!
See you later!

27

QUESTIONS – EGANGBIN

Ki jin o?
What?

Zai?
Who?

Ki wun yi na o?
How?

Ebo ki Ebo?
Why?

Babo?
Where?

Kami/Kakun?
When?

COMMANDS – AJIN

Io!	Go!
Gikkini!	Stop/Stay/Wait
Ga Ioma!	Don't Go!
Felo!	Leave!
Lo baga!	Go there!
Be babo!	Come here!
Gangan!	Speak!
Susun!	Be quiet!
Yi bi Io!	Let's go!
Jin karanyi!	Be careful!
Fedun!	Sit down!
Lugwa min la wu wo e!	Let me show you!
Shitukpa!	Listen!
Wunkpa	Taller
Kukurugi	Shorter
Egwatan/Awo	Please
Egwatan	Sorry

DIRECTIONS – EBAWU

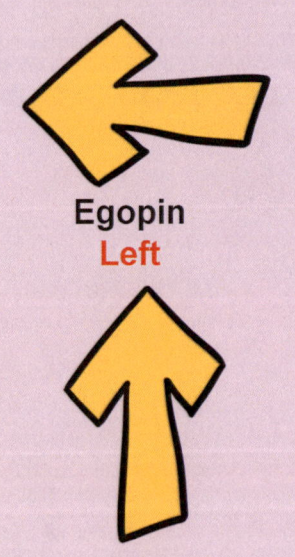

Egopin
Left

Egolu
Right

Zùṇṃà
Behind/Back of

Yita
In Front

Fiti
Up

Sisi
Down

Etĭ
On top of

Tako
Under

    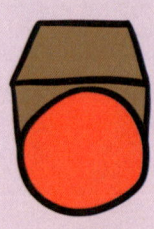 

CARDINAL POINTS – KPANGWA EYIZHI

Eyigwapin/Ariwa - **North**

Eyilozun/
Yizo
West

Eyilazhin/
Gabaz
East

Eyigwalo/Kudu - **South**

MEMBERS OF THE SKY – ENYA NAZHI KPE FITI O NA

Èshè/Sanma
Sky

Venus

Tzongi
Star

Sokozi Nankosoko
Cloud

Etsoa
Moon

POSTURES/POSITIONS – KINIGI/EKPOZHI

Idunfe
Sitting

Yakpe
Bending

Eti Lo Kin
Kowtow
(Head to ground)

Laabo - Yakpe Ganfi
Half Prostration

Yashishi
Squatting

Kukura
Kneeling

Gbarodin
Standing

Lele
Laying Down

Layangbon Bakim
Full Prostration

SCHOOL – MAKARANTA

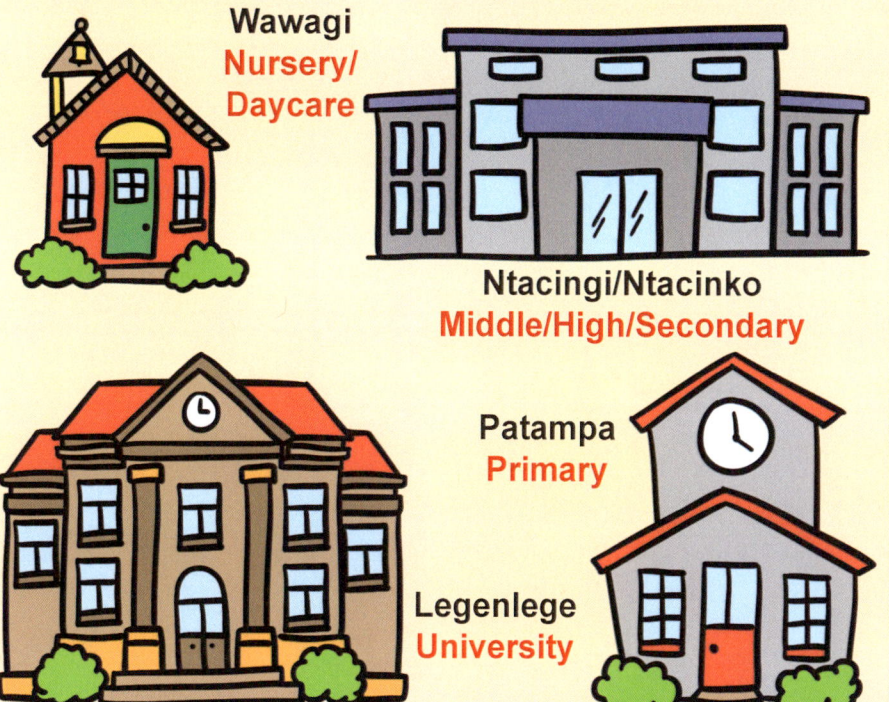

Wawagi
Nursery/Daycare

Ntacingi/Ntacinko
Middle/High/Secondary

Patampa
Primary

Legenlege
University

SPEAK UP KPEMIN GANGAN

Egan	Talk
Egànzhè/ Go Emi	Answer
Egangbin	Question
Eh	Yes
A'a	No
Tsitsin	Love
Nanvo	Hate/Dislike

DAILY – YẸLI YẸLI

Yisakagi/Eyigidi
Sunrise
(7am-11am)

Eyidá
Afternoon
(Noon-2pm)

Lǒzhùṇ
Evening
(3pm-5pm)

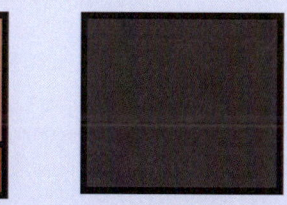

Siko
Darkness

Eba Bayetin
Light

Yeshi
Late Night
(9pm-11pm)

Sàdù
Midnight
(12-2am)

Fàfà
Dawn
(4am-6am)

Baci	Seconds
Kagigi	Minutes
Kakun	Hours
Efo	Days
Fotwaba	Weeks
Etswafo	Months
Eya	Years
Nyina	Today
Esun	Tomorrow
Tsuwo	Yesterday

www.ingramcontent.com/pod-product-compliance
Lightning Source LLC
Chambersburg PA
CBRC090841120626
46551CB00008B/723